BASTEI
LÜBBE
TASCHENBUCH

Über den Autor :
Dr. Dieter Kroppach war viele Jahrzehnte als Studienrat an einem Gymnasium in der Nähe von Köln tätig. Zu seinen Unterrichtsfächern gehörten Deutsch, Geschichte und Latein, aber auch ein Faible für Mathematik und Geografie konnte er nicht verleugnen. Über viele Jahrzehnte hat er Stilblüten seiner Schüler gesammelt, bei denen unerschütterliches Halbwissen und blühende Fantasie sich gegenseitig befruchtet haben.

Dieter Kroppach

Ohne Kinder gäbe es kaum Nachwuchs

Die schönsten Patzer aus Schüleraufsätzen

BASTEI LÜBBE
TASCHENBUCH

BASTEI LÜBBE TASCHENBUCH
Band 60943

Dieser Titel ist auch als E-Book erschienen

MIX
Papier aus verantwortungsvollen Quellen
FSC® C083411

Originalausgabe

Textredaktion: Tina Spiegel, Frankfurt am Main
Titelillustration: © shutterstock/K.Narloch-Liberra
Umschlaggestaltung: Christiane Hahn www.christianehahn.de
Satz: Helmut Schaffer, Hofheim a. Ts.
Gesetzt aus der Amandine, Bokka, Brushylicious, ChauncyFatty, Childsplay, CraftyGirls, Font-on-a-stick, Gruenewald VA, Harrowprint, Josschrift, MyriadPro, NeverSayNever, Rattlescript, SimpleRonde, SoupBone
Druck und Verarbeitung: CPI Books GmbH, Leck - Germany
ISBN 978-3-404-60943-7

2 4 5 3 1

Sie finden uns im Internet unter www.luebbe.de
Bitte beachten Sie auch: www.lesejury.de

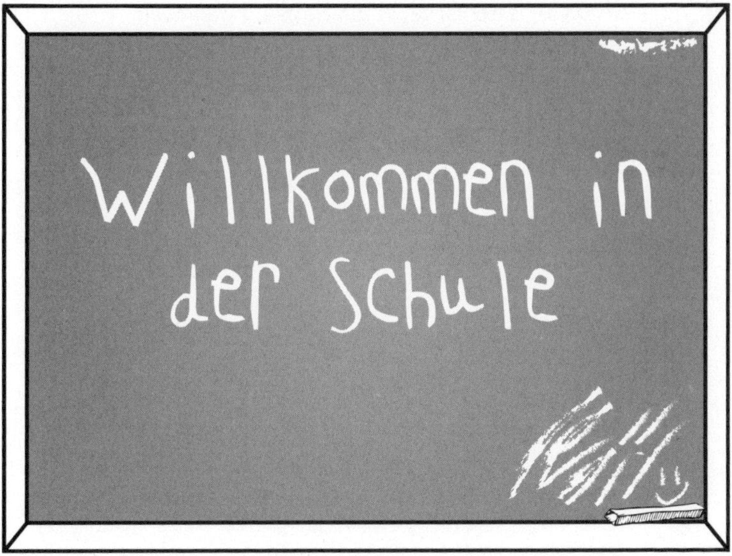
Willkommen in
der Schule

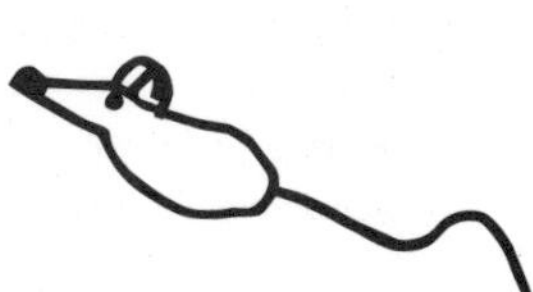

Der Lehrer schickte mich nach Hause, weil ich fühlte mich nicht wohl in der Schule.

oder

Der Äquator ist der längste Strich

Wir können nicht so weit sehen, wie wir können, weil die Erde eine Kugel ist, die später abfällt.

Jerusalem liegt 600 Meter über der Erde.

Kairo liegt linksrheinisch vom Nil.

Makedonien liegt oben in Griechenland, beim Kuheuter.

Berge findet man meistens in Gegenden, die gebirgig sind.

Die höchste Erhebung des Schwarzwaldes ist der Brocken mit 85.000 Metern.

Über 4.000 Meter wächst nichts mehr, und das dauernde Aufhalten eines Menschen ist unmöglich.

Bei intensiver Bewässerung steigt der Meeresspegel bis 1 Meter oberhalb der Erdoberfläche.

Ein gewichtiges Problem im Ruhrgebiet ist, wie man das Wasser abführen kann.

Dünen sind wandernde Haufen von ganz kleinen Körnern; diese schütten Wälder und Dörfer zu, wenn sie nicht aufgehalten werden.

In der Sahara sieht man aufgedünte Wehen.

Eine Wasserscheide ist, wo ein Berg zwei Mündungen hat.

Die Inseln sind ständig in Gefahr, mit dem Meer einzugehen.

Die Binnenschifffahrt ist die Schifffahrt auf dem Lande

Es gibt noch Völker in der Südsee, die im wasser leben.

Wenn man am Mittelmeer steht, liegt Troja rechts oben.

England hat höchstens 50.000 (!) Einwohner.

In der südafrikanischen Union fallen auf einen Einwohner 29 Autos.

Die Periode der Königin Elisabeth dauerte 30 Jahre.

Die Bauern ernähren sich nicht nur von den Erträgen ihrer Äcker, sondern auch von Holz.

Die Weiden, die den Menschen dort zur Verfügung stehen, sind ungemein fruchtbar.

Nuer und Dinka sind hauptsächlich nomadische Hirtenvölker, sie weiden die Savanne ab.

Viele Westerwalddörfer lebten früher von der Viehzucht, sie haben sich jetzt zum Teil auf Touristen umgestellt.

Im Westerwald beginnt das Klima erst im späten Frühjahr.

Der Wind kommt in der Regel aus der Windrichtung.

wilhelm Tell hat nicht wirklich gelebt; auch nicht seine Armbrust.

Hätte Speyer nicht den toten Kaiser, gäbe es überhaupt kein Leben in der Stadt.

Dort, wo jetzt Ruinen ragen, standen einst stolze Burgfräulein und warteten auf die ausgezogenen Ritter.

Neben Prunksälen hatten die Ritter auch heizbare Frauenzimmer.

Die Fürsten wollten
ihr Dasein schamvoll
verlängern.

Die Kehle des
Volkes ist unersättlich,
wenn sie einmal die
Freiheit gerochen hat.

Die schweren
dorischen
Säulen machen einen
ernsten Eindruck.

Es ging Louis XVI sehr gegen den Strich, dass er enthauptet wurde.

Wenn ein Ägypter gestorben war, ging er in einen Laden, wo Mumien hergestellt wurden.

Der Suez-Kanal war wichtig für die Ägypter, damit sie mit der Eisenbahn von Indien bis Großbritannien fahren konnten.

Die Türken sind sehr mutig. Das liegt daran, dass ein Mann mit mehreren Frauen dem Tod eher ins Auge schaut als ein Mann mit nur einer Frau.

Die Seeleute sind wochenlang auf Fischfang, danach werden sie tiefgefroren im Hafen ausgeladen und verschickt.

Die Seuche hatte sich im Krieg durch unzulänglichen Nahrungsmangel wieder ausgebreitet.

Der Krieg kostete viele Städte und Dörfer das Leben.

Und als sie aus dem Krieg nach Hause kamen, mussten sie feststellen, dass sie umsonst gefallen waren.

Meine Oma erzählte, dass sie sich im Krieg von den Lebensmittelkarten ernähren mussten.

In den Augen eines Russen hört sich das ganz anders an.

Die Auszählung der Wählerstimmen dauert in Amerika ziemlich lang, da das Land zeitlich sehr auseinandergezogen ist.

Über die EU-Norm:
Das ist doch völliger Quatsch. Was kann ich denn dafür, wenn meine Gurke in einem falschen Krümmungswinkel wächst?

oder

Der Morgen stellt im Anschluss an die Nacht gewissermaßen ein Ende der Dunkelphase mit Beginn der Lichtphase dar.

Wenn man
durch Zwei teilt,
hat man die Hälfte.

Wir teilen
am besten
das Glied
durch zwei.

Wir fuhren
im Dreierquartett
fröhlich weiter.

Das gleichseitige Dreieck ist genauso ein Quadrat - die fehlende Seite ist zu einem Punkt zusammengeschrumpft.

Die Grundfläche setzt sich zusammen aus sechs viereckigen Dreiecken.

Der Kreis hat die Eigenschaft, dass er rund ist.

Ein Kreis ist ganz schön rund.

Das Endergebnis ist
Eins ... Komma ... ein paar
Zerquetschte, ich habe sie
noch nicht ganz raus.

Der Punkt ist ein Winkel, dem die Schenkel ausgerupft wurden.

Im Mittelpunkt der Strecke AB gehe ich einfach senkrecht in die Höhe.

Bei Gleichungen kann man nur Gleiches mit Gleichem vergleichen. Den Faktor k hatten wir b genannt.

Die Tangente ist der Punkt, der durch die Gerade eines Kreises geht.

Je schneller das Auto fährt, desto größer ist seine Geschwindigkeit.

Je langsamer sich ein Körper bewegt, desto geringer ist auch seine Geschwindigkeit.

In unserem Land
hat der Geburtenrückgang
stark zugenommen.

In der Sonne
hatten wir 30 Grad
Schatten.

Etwa die Hälfte
der Flugbewegungen
sind Landungen.

Dies ist ein weicher Eisenkern.

Wir haben hier eine größere Masse, als wir hier haben.

Die Molekülgröße ist klein.

Der freie Fall auf der schiefen Ebene wurde demonstriert.

Das Gleichgewicht
liegt mehr auf
der linken Seite.

Die Buttersäure
heißt so, weil sie
stark butterhaltig ist.

Vögel können fliegen, weil sie keine Schwerkraft haben.

Das Kohlendioxid ist nicht so gefährlich – man erstickt nur.

Es ist schwierig,
das nur durch
Hören zu sehen.

Versuch: Das leuchtet so schön dunkel.

Und wie erwartet, entstand bei diesem Versuch ein lustleerer Raum.

oder

Unser Lehrer erzählte,
dass er seine Ersparnisse
in Kindern angelegt hat.

Ein Lehrer muss jeden Tag viele junge Menschen befriedigen.

Unsere Lehrerin konnte so spannend erzählen, dass wir mit den Ohren an ihren Lippen hingen.

Dass dabei so schöne Sachen herauskommen, haben sie ihrer jungen Lehrerin zu verdanken, die sie mit allen Fasern ihres Körpers zu fesseln weiß.

Lehrer haben eine Menge Freizeit, von der gewöhnlich Sterbende nur träumen können.

Mein Vater ist Lehrer, und deshalb hat er auch viel Zeit für andere Hobbys.

Unser Lehrer wandert nach Kanada aus. Er wird dort nicht in seinem Beruf gehen, sondern arbeiten.

Meine Mutter war, bevor sie meinen Vater heiratete, sehr gebildet, sie wäre nämlich fast Lehrerin geworden.

Der Lehrer bringt uns den Umgang, den wir im Menschenleben benötigen, bei.

In allen anderen Fächern unterrichtete uns Herr L., und so kannte er auch alle guten und schlechten Stellen an uns.

5 Weil ich eine Fünf geschrieben hatte, wurde ich dem Schulleiter zur Kontrolle vorgelegt.

Der Lehrer hatte sich an
diesem Nachmittag extra
für uns freigemacht.

Mit unserer Lehrerin
verkehren wir auch
bei ihr zu Hause,
so lieb ist sie.

Unsere Englischlehrerin
hört alles, ihre Ohren reichen
bis weit nach hinten.

Die Lehrer versuchen, uns als Menschen zu behandeln, nicht als Schüler.

Wenn man unsere Lehrer näher besieht, sehen sie eigentlich ganz menschlich aus.

Inzwischen kann ich Lehrer stundenlang ansehen - es macht mir nichts mehr aus.

Frau Müller ist eine liebe Lehrerin und sie ist die erste Rektorin, die eine Frau ist.

Auf Dauer werden wir von unseren Lehrern doch sehr befruchtet, ob es uns passt oder nicht.

Gewiss, Lehrer sind auch nur Menschen. Aber das wollen wir Schüler der SMY uns nicht länger gefallen lassen.

Ein Computer ist weit besser programmiert als ein Lehrer.

oder

Wir sollten schreiben,
wie uns der Schnabel
gewachsen ist.

In diesem Gedicht wird der ganze Lebensweg eines Säuglings

beschrieben bis hin zum späteren Mann.

Der Dichter will zeigen, dass, wenn man einmal tot ist, nie mehr lebendig wird.

Dieses Werk ist irgendwann im letzten Jahrhundert entstanden, vermutlich in der dritten Hälfte.

Der dialektische Aufsatz besteht aus These, Prothese und Synthese.

Die Einleitung muss so verfahren, dass sie eingeleitet wird.

Durch die Novelle läuft Elke wie ein roter Faden.

Ionescos „Nashörner“ werden langsam weltberühmt, besonders in Deutschland.

Wenn ein Mann und eine
Frau etwas
miteinander
haben, dann ist
das Liebe

– dazu brauche ich keine
Textanalyse.

Die beste Arbeit
hatte wieder keiner
geschrieben.

Aufsatzthema:
MEINE FAMILIE

Meine Mutter brachte außer mir noch zwei Kinder auf die Welt, ein dreijähriges und ein acht Monate altes.

Als meine Mutter krank war, half die neue Krankenschwester im Haushalt. Auch Vater hatte den Genuss von ihr.

Mein Vater arbeitet gerne frühmorgens. Wenn wir aufstehen, hat er meistens schon einen großen Haufen hinter sich.

Die erste lange Dienstreise meines Vaters war sehr fruchtbar.

Nach dem Unfall hat man meinem Vater das Gehirn geröntgt, aber nichts gefunden.

Mein Freund vermeidet es, wo er kann, keinen Streit zu bekommen.

Meine Freundin konnte nicht so lang mit, weil ein Vater von ihr verunglückt war.

Mein Onkel ist ein echter Sportler, denn er fährt einen knallroten Porsche.

Mein Onkel hat ein Glasauge, von Geburt an.

Mein Onkel war nicht betrunken, nur sinnlos angeheitert.

Die Ferien verbrachten wir in einem stillen Örtchen, weil Vater das dringend nötig hatte.

Meine Mutter hatte Tee, Butterbrote und Äpfel bereitgehalten und erwartete ihre völlige Vernichtung.

Plötzlich gab es einen lauten Knall, und als ich vom Rad stieg, merkte ich, dass ich hinten ein Loch hatte, das nicht von schlechten Eltern war.

Erst packte ich meine Geschenke aus und dann meine Eltern.

Daraufhin verdoppelte mein Bruder sein Schweigen.

Mein Vater sah meine Mutter in vorwurfsvollem Ton an.

Als das damals geschah, war ich neun Jahre. Heute ist das anders.

Ich fand meine Großeltern in einem alten Kirchenbuch.

Name, Konfession und Beruf des Vaters: Richard, ef., Depleominschingör.

wir fuhren mit unserem alten Mercedes. In Dortmund geschah dann das Unglück. Meine kleine Cousine wollte ein Bächlein machen, und gerade als meine Mutter die Tür aufmachen wollte, zischte es. Keiner wusste, was geschehen war; nur ich als Fachmann ahnte es – Reifenpanne!

Aufsatzthema:
MEIN HAUSTIER

Ohne Haustiere wäre der heutige Mensch nicht denkbar.

Unser Rex ist ein ganz familiäres Tier, er ist wachsam, frisst alles und liebt kleine Kinder.

Als der Hund des Nachbarn meinen Bruder angefallen hatte, musste er für immer in einen Zwinger.

Unsere Katze war überfahren worden, deshalb schmeckte das Mittagessen keinem von uns.

Unser Hund wurde von einem Lastwagen totgefahren, er wäre sonst vielleicht noch etwas älter geworden.

Bei unserem Kater stellte anschließend der Tierarzt Tollwut fest, so dass man ihn töten musste.

Meinem Opa wurden in dieser Nacht drei Hühner gestohlen, von denen eins ein Hahn war.

Opas Hund ist auch sehr alt. Opa kann noch ohne Brille lesen.

Das Pferd fiel um und streckte seine vier Buchstaben in die Höhe.

Er brachte sein Pferd zum Stehen und kam plötzlich um.

Die Besitzerin der Stute war Frau Kalb, sie war schnell gesattelt und mein Vater schwang sich gekonnt auf sie drauf.

Mein Vater wurde bei der Kaninchen-Leistungsschau am vergangenen Sonntag Kreissieger.

Der Heimcomputer ist mein liebstes Haustier.

Aufsatzthema:
FREIE WAHL

Das Dilemma, vor das uns diese Zeit stellt, wird von Tag zu Tag dringlicher.

Mit diesem Problem sollten wir uns auseinanderfassen.

Bei der anschließenden heißen Diskussion befruchteten wir uns gegenseitig.

Die Menschheit atmete erlösend auf.

Die Frau fühlte sich so schwach, dass sie sogar die Hilfe ihres Mannes erwartete.

Da schloss sie ihre bläulichen Augen auf.

Er küsst die Frau auf den Lippen.

Der kalte Angstschweiß lief ihm innerlich den Rücken runter.

Er wurde bewusstlos
und wusste nicht,
wie er seine fünf Köpfe
ernähren sollte.

Er hatte sich am Elenborgen
verletzt und konnte keinen
Schritt mehr gehen.

Kurz vor seinem Tod
musste der Verunglückte
noch gelebt haben.

Und nun entlüftet er sein Geheimnis, das ihn schon lange innerlich bewegt hatte.

Überall sah man nur frohe Gesichter, die sich vor Lachen den Bauch hielten.

Wo es Schwierigkeiten in der Klasse gibt, sollten wir sie verbessern.

Endlich hatte ich einbahnfreie Arbeit geschrieben.

oder

Wenn der Kot gleich ist,
können sich die Menschen
besser verständigen.

Fremdsprachen
sind deshalb
so schwer,
weil man
keine Ahnung
davon hat.

The doctor who
did the operation when
the machine was kaputt.

The sea is full of tiny orgasms, which the fish live of.

Many pupils leave the school after the sex form; then they are 16 years old.

She led him to the sleeping room and prepared the bed; and he did his best to make her happy.

It's to heiß here.

Englischübersetzung:

Er wurde von einer giftigen Schnecke gebissen (snake).

Französischübersetzung:

Welches Geschlecht hat der Schiffsjunge?

Lateinübersetzung:

Die Römer sollen nicht auf der Straße herumlungern und unförmige Haufen bilden.

Nichts ist für einen Menschen teurer, als von einem Menschen erzeugt zu werden.

Der Körper war geduldig im Verhungern.

Es gibt kein Leben, nur ein Leben im Leben.

Und die Bauchhöhle gab einen Seufzer von sich.

Vir paratus –
Der Mann ist bereitet.

Clauo, momopsi,
langfingeratum,
stibitzere = stehlen.

Nullam mercedem merebant – Sie fuhren keinen Mercedes.

oder

Ich trage am liebsten
Turnschuhe mit
kurzen Ärmeln.

Der vom Hochwasser zerstörte Boden der Turnhalle wurde ausgebessert. Ein neuer Belag wäre nicht nur teurer geworden, er hätte auch mehr gekostet.

Die neue Turnhalle ist ein schöner Anblick, in dem wir gerne spielen werden.

Sport fiel heute aus, und deshalb spielten wir Fußball.

Marcel warf den Ball
mit aller Kraft
horizontal nach oben.

Thomas sollte den
Elfmeter scheißen (!),
doch der wollte
diesen Druck nicht
auf sich nehmen.

Matthias schoss den Ball
sehr schräg und landete in der
Seitenscheibe eines Autos.

**Wir wurden von den Platz-
ordnern gehindert.**

Beim Kugelstoßen ruht das Gleichgewicht auf dem mittleren Bein.

Gegenstand des Boxens ist der menschliche Körper von der Gürtellinie aufwärts.

Viele Sportler werden so verletzt, dass sich eine Heilung kaum mehr lohnt.

Um in der Stadt einen Waldlauf zu machen, muss man oft viele Kilometer rennen.

Mein Freund hat keine normalen Interessen bezüglich seinem Kopf, deshalb spielt er in seiner ganzen freien Zeit Tennis.

Bevor der Masseur sich über mich hermachte, rieb er sich die Hände ausführlich.

Jedesmal, wenn ich an einem Sportgeschäft vorbeigehe und die Adidas-Schuhe sehe, fällt mir ein Seufzer von den Lippen.

oder

Meine Freundin wird streng katholisch erzogen – ich überhaupt nicht.

Der Religionsunterricht dient dazu, den Schüler auf die Liebe vorzubereiten.

Jungfernzeugung ist,
wenn eine Frau keinen Mann
kontaktiert hat.

Der Heilige Aloisius gelobte Jungfräulichkeit.

Die Eltern von Jesus waren Josef und der Heilige Geist.

Es ist eine wichtige Aufgabe der Kirche, für die Nachkommenschaft der Priester zu sorgen.

Dieses Weib sei der verlängerte Satan, hat der Pfarrer gesagt.

Beim Betreten der Kirche müssen sich Männer und Jungen entblößen.

Die christliche Selbstsucht sollte wohlproportioniert sein.

Es muss in der Kirche möglich werden, Frau und nicht nur Mensch zu sein, denn das war bisher fast immer nur dem Mann vorbehalten.

Die Mönche führten ein streng geregeltes Leben, sie mussten sich selbst kastrieren.

★☆★☆★☆★☆★☆★☆★☆★☆

Bei den Päpsten war die Kinderlosigkeit sehr früh erblich.

Es ist eben nicht gerecht, dass man kleine Kinder (wie es damals oft geschehen ist) ins Kloster schickt, sie dort schuften lässt oder entmannt, nur damit der Bischof einen tollen Knabenchor hat.

Markus ist kurz nach der Zerstörung Jerusalems entstanden.

Matthäus hat ein Erdbeben, Lukas nicht.

Im Anschluss an den Gottesdienst veranstalteten wir gemütliches Beisammensein, um über die schreckliche Hungersnot in Afrika zu plaudern.

Einzelne Kirchgänger zerstörten die wunderschöne Stille.

Schließlich sollte eine Trauergemeinde so traurig sein, wie sie nur kann.

An Allerseelen gedenke ich meiner alten Lieben.

Da Karl der Große
sehr vielen das Christentum
aufzwang, war es auch weit
verbreitet.

Die Sündflut spielte
in Mesopotamien.

Da kämpften Götter
und Göttinnen mit Menschen
gegenseitig zusammen.

Und es lauschten 74 evangelische Ohren, wenn die Lehrerin von ihrer Reise ins Heilige Land erzählte.

Es ist Ehrensache eines katholischen Schülers, an der Fronleichnamsprojektion teilzunehmen.

Das ist doch überhaupt das interessanteste am Tod dass die Seele weggeht.

Wir sollen mit unserer Liebe immer für den Nächsten bereit sein.

oder

Nachdem es seine Eier abgelegt hat, beißt das Männchen das Weibchen tot.

Man erkennt, dass die Zentren für das Lachen nicht im Großhirn liegen; wenn man jemand das Großhirn herausnimmt, kann er immer noch lachen.

Venöses Blut ist ungemein blutarm.

Der Herzmuskel ist so stark, dass er im Allgemeinen ein ganzes Leben lang hält.

Die Ohren sind das einzige Organ des Menschen, das nie schlappmacht.

Der Adler hat so gute Augen, dass er – wenn er wollte – eine Bildzeitung aus 100 Metern Höhe lesen könnte.

Diese Nagerart hat eine geringe Kopf-Rumpf-Länge, dafür aber einen verhältnismäßig langen Schwanz. Dies lässt auf ein besonders kleines Hirnvolumen schließen.

Dieser Test beschäftigt sich mit dem Verhalten von Raubtieren, wie z. B. Tigern, Adlern und Schweinen.

Die Biene nimmt die Zuckertröpfchen in ihren Honigmagen auf und kotzt es dann in die Waben. Das ist dann unser Honig.

Wenn man beim Huhn
die Federn auseinander tut,
dann findet man ein Loch –
für alles!

Bei den Nashörnern friert leicht alles Abstehende – also Ohren, Nase, Schwanz – wie beim Menschen.

Im Nationalpark wohnen Tiere aus allen Nationen.

Die Enden der Melk-
maschine werden der Kuh
wie Strapse angelegt.

Wenn das Tier zur Welt kommt, hat es alles, was es zur Nahrungs- aufnahme und Fortpfianzung bedarf; der neugeborene Mensch hingegen muss alles erst mühsam lernen.

Da gibt es erst ein-
mal die Tiere, die
sich autotroph ernähren,
das sind die Pflanzen.

Durch die Straßenunterführung sollen die Tiere zum ordentlichen Verkehr erzogen werden.

Im Wald dürfen wir die Schonungen nicht betreten, weil der Förster dort für Nachwuchs sorgt.

Bei der Besichtigung des Bauernhofes erfuhren wir viel über die Rinderzucht und auch die eigenen Fortpflanzungsmethoden des Bauern.

Die Katze wählt den Kater aus. Der Kater versucht, die Katze zu vergewaltigen. Der Kater leckt die Katze am Hinterteil, ist auf oder an der Katze. Die Katze und der Kater führen einen grenzenlosen Verkehr. Die Katzen haben soziale Verhältnisse. Tiere dürfen nicht vermenschlicht werden, und es darf auch nicht umgekehrt sein.

Wenn langsam das Empfinden
für das andere Geschlecht wächst,
werden die Abende länger.

Jungen kriegen oft Pickel auf die Haut und eine Vertiefung der Stimme, weil sie bricht.

Bei Mädchen wirkt die Pubertät anders: sie ändern häufig das verhalten und werden zickig und sind ständig beleidigt.

Heutzutage haben die Mädchen schon sehr früh ihre Tage, die Jungen etwas später.

Beim Sexualkundeunterricht hat unser Lehrer bestimmte Bereiche nur ganz kurz berührt.

Sexualität ist so wichtig, weil es Spaß machen soll.

Auch zwischen den Beinen muss man sich jeden Tag waschen, sonst wird das Schamgefühl gestört.

Die Chromosomen unterscheiden sich – und zwar hat das beim Männchen einen Haken.

Männlich wird man nur, wenn ein Chromosom fehlt.

Bei der Geburt seines Sohnes übergibt der Vater diesem seinen Chromosomensatz.

Die einzige Erbkrankheit, die man bei diesem Patienten feststellen kann, ist, dass er männlich ist.

Das Problem haben Männer oft, dass sie keine Kinder bekommen können.

Kastraten, das sind Männer, d.h. solche, die es hätten werden sollen.

Die männlichen Eiszellen produzieren Spearmint.

Beim Eisprung springt das Ei aus dem Eierstock.

Hingabe bedeutet,
dass die Frau für
den Mann immer
geöffnet ist.

Ich finde Liebe blöd,
weil immer ein Junge
dabei sein muss.

Viele Klassenkameraden
haben einen Freund
ich will lieber
einen Hund haben.

Wir haben alle eine Anatomie; die Frauen sind nur etwas anders gebaut als die Männer.

Heute kann man durch genetische Untersuchungen wissenschaftlich exakt feststellen, welcher Vater derjenige ist, der es wirklich getan hat.

Ob meine Kinder Jungen oder Mädchen werden, ist egal; am besten wäre gemischt.

Ich bin nicht sicher, ob die im Bodybuilding-Center auch was für die Genitalien tun.

oder

Da spürte er etwas Hartes in der Hose – Es war der Salzstreuer, den er aus Versehen eingesteckt hatte.

Der Herbergsvater hatte auch in diesem Jahr wieder alle Betten voll.

In der Jugendherberge waren die Klos so verstopft, dass es nach dem Gebrauch jedesmal hochkam.

★☆★☆★☆★☆★☆★☆★☆★☆

Jeweils vier Jungen schliefen miteinander; die Mädchen hatten nicht so viel Glück, sie lagen in einem großen Saal.

Wir durften in der Jugendherberge nicht im Bikini herumlaufen, weil der Herbergsvater ganz andere Vorstellungen hatte.

Der Herbergsvater war streng. Aber mit der Herbergsmutter waren wir nach ein paar Tagen so intim, dass wir ihn links liegen ließen.

Das Zubettgehen wurde bis 12 verlängert.

Eins, zwei, drei mussten
wir gewaschen oder gebraust,
Betten gebaut, Schuhe geputzt
und ausgezogen sein.

Spät brachen wir von
der Jugendherberge auf
zu einer Nachtwanderung.
Das Wetter war günstig:
Es wurde eine herrliche
Mordnacht.

Wir schafften es nicht in der
vereinbarten Zeit, denn wir
hatten uns im Wald vergangen.

Wir rasteten uns aus.

Der kleine Weiher, an dem wir rasteten, war schwarz von weißen Schwänen.

Mit der wanderkarte hatten wir schnell unser Befinden festgestellt.

Zwei Klassenkameraden
und ich durften dem Bauer
bei der Heuernte helfen.
Seine Töchter entschädigten
uns nachher mit selbst-
gemachtem Most, herrlichem
Schinken und anderen
Freundlichkeiten.

**Am Strand war jeder
Verkehr verboten,
das behinderte manches
Vorhaben ...**

Als wir am Kiosk ankamen, waren wir so hungrig, dass wir wie eine Meute Hunde über die Verkäuferin herfielen.

Als wir abends von der Wanderung wieder in der Jugendherberge eintrafen, waren wir alle müde bis auf die Knochen. Auch unser Lehrer sagte, er spüre sein Glied nicht mehr.

Es war ein fürchterliches Hin- und Hergeschiebe, weil auf dem Platz gleichzeitig hundert Kinder empfangen wurden.

Nachdem der Herbergsvater aufgeklärt worden war, sah er uns mit ganz anderen Augen an.

Viele Grüße
und gute Erholung
sendet euch Uwe.

oder

Der Künstler will
zeigen, dass, wenn man
einmal tot ist, nie mehr
lebendig wird.

Wir hatten ein halbes Jahr lang Bilder gemalt. Nachdem der Lehrer uns aufgehängt hatte, wurden die Eltern zur Besichtigung eingeladen.

Die Bilder machen das Zimmer viel ansehender.

Ein Aquarell ist ein Bild, das wässrig gemalt worden ist.

Die Farben werden nicht auf der Palette gemischt, sondern im Auge des Betrachters.

Der Maler
besteht aus dem Auge
und dem Hirn …

Zur Zeit der
Gotik strebte
alles in die Höhe …

IM MANIERISMUS wurden die
Glieder immer länger …

Die Expressionisten waren auch deutsch, besonders die deutschen.

Die meisten expressionistischen Denker sind an Selbstmord gestorben.

David (von Bernnini) wird hier in der Gestalt eines normalen athletischen Mannes dargestellt, der nichts weiter will, als seinen Gegner töten.

David (von Michelangelo) ist nach der Proportions-regel gehauen worden.

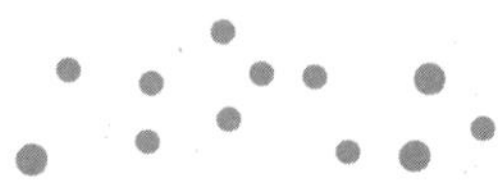

Das kann man an den punktförmigen Punkten erkennen.

Die Form ist eiförmig und läuft nach unten spitz zu.

Bildbetrachtung:

Man sieht drei Farben:
Rot, Gelb, Grün und Blau.

Das ist so dunkelblau,
da es schon schwarz ist.

Ganz hinten links
ist eine Anhöhe, die man
nicht erkennen kann.

Der Hintergrund des Bildes
ist überschwemmt.

Der griechische Künstler gestaltet zuerst den weiblichen Körper in vollkommener Schönheit, für den Hermes mit dem Dionysosknaben ein gutes Beispiel ist.

Der Himmel ist auch in Bewegung geraten, weil van Gogh gerade in dieser Periode wahre Orgien abgehalten hat.

Auch ein Künstler muss sich entleeren, wenn auch auf andere Weise.

Ein freier Künstler ist ein Mensch, der machen kann, was er will, wenn er es kann.

Künstler sehen meistens wie Künstler aus – und das wollen sie auch.

Aus welcher Zeit stammt dieses Bild?

Aus dem Herbst!

oder

Das hören
Gehörlose so gerne.

Die Noten des Orchesters bestehen hauptsächlich aus Pausen.

Wenn mal zwei Töne gleich sind, dann höchstens zwei oder drei.

Der letzte Ton des Stückes Clementi op. 3 ist eine Pause.

Bei der akustischen Großaufnahme rückt der Sänger in die intimste Nähe des Zuhörers.

Herr B. Ließ am Anfang der Musikstunde erst einmal laufen.

Die Unreinlichkeit, die beim Singen auftraten, machten unseren Musiklehrer wenig Sorge; das Schulkonzert musste ja so oder so stattfinden.

In der Oper zahlen die meisten Besucher meistens umsonst, weil sie die Texte nicht verstehen können.

Die Sängerin kam nach der Pause zum Höhepunkt.

In der venezianischen Oper entstanden die Stare.

Dieses Werk ist irgendwann im letzten Jahrhundert entstanden, vermutlich in der dritten Hälfte.

Robert Schumann war vor seiner Geburt Deutscher.

Mozart ist selbst gestorben.

Beim Komponieren seines letzten Werkes starb Mozart.

oder

Erst wenn eine Klassenarbeit droht, fangen viele Schüler an, mit dem Kopf zu denken.

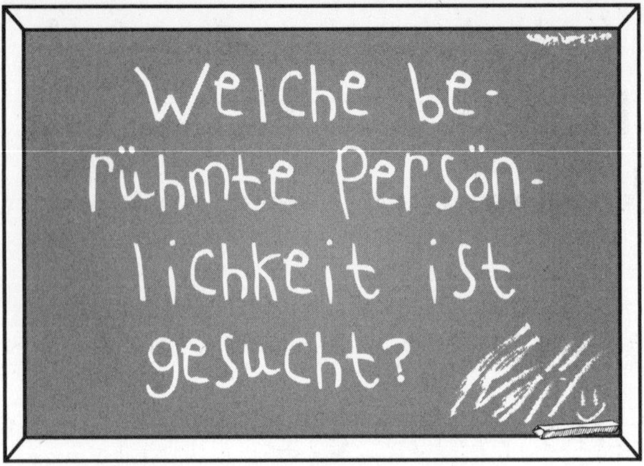

Er war nicht einmal Christ, sondern Protestant.

Er könnte heute vom Verkauf seiner Bücher leben, wenn es sein müsste.

Sein letztes Leben verbrachte er in Weimar.

In der Weimarer Zeit half Charlotte von Stein ihm vom Jüngling zum Manne zu reifen.

In seinem Werther sucht eine Frau die richtige position zwischen zwei Männern.

Schillers und seine Lyrik ist ein Frontalzusammenstoß.

Seine bekanntesten Bücher heißen Goethes Werke.